AGNES PRUS

Weihnachtsduft

24 ADVENTSREZEPTE FÜR DICH

FOTOS VON FRAUKE ANTHOLZ

Hölker Verlag

Inhalt

Vorwort

WENN DIE TAGE KÜRZER WERDEN und die kalte Jahreszeit beginnt, machen wir es uns gern bei Tee, Kerzenschein und Plätzchen gemütlich und freuen uns auf die Adventszeit. Wir verschönern unser Zuhause mit Lichtern und Weihnachtsschmuck und warten mit Spannung darauf, das erste Türchen des Adventskalenders öffnen zu dürfen.

Und diese Zeit der Vorfreude auf das Fest duftet. Nacht Zimt, Orangen und Bratäpfeln. Nach Kindheit und Geborgenheit. In dieser magischen Zeit genießen wir es zu kochen, zu backen und unsere Liebsten mit Geschenken aus der Küche zu verwöhnen.

In 24 Rezepten bringt dieser kulinarische Adventskalender den Duft von Weihnachten in unser Zuhause. Süße Knuspertrüffel, würziger Rotkohl und wärmender Chai-Latte verkürzen uns die Tage bis zum Fest und die selbst gemachte Orangenmarmelade oder der frisch aufgesetzte Honiglikör machen sich ganz wunderbar als Wichtel- und Weihnachtsgeschenke.

VIEL SPASS BEIM KOCHEN, BACKEN, VERSCHENKEN UND GENIESSEN!

AGNES PRUS

Ingwer-Knusper-Plätzchen

Diese Plätzchen verzaubern mit gleich dreifacher Ingwer-Power: frisch,
gemahlen und kandiert. Die kleine Knolle schmeckt herrlich würzig,
heizt uns ein und hilft den Abwehrkräften auf die Sprünge.
Eine bessere Einladung zum Naschen gibt es wirklich nicht.

FÜR CA. 35 STÜCK

300 g Weizenmehl
2 TL Natron
1 ½ TL gemahlener Ingwer
1 TL Zimt
½ TL gemahlene Nelken
¼ TL Salz
180 g zimmerwarme Butter
120 g brauner Zucker
1 Ei
80 g Zuckerrübensirup
1 ½ TL Ingwer, frisch gerieben
50 g kandierter Ingwer,
sehr fein gehackt

ZUM VERZIEREN:

3 EL brauner Zucker
ca. 200 g Zartbitterschokolade,
fein gehackt
ca. 20 g kandierter Ingwer,
sehr fein gehackt

Das Mehl mit Natron, Ingwer, Zimt, Nelken und Salz in eine Schüssel geben, mit einem Schneebesen gründlich vermischen und beiseitestellen. Butter und Zucker mit einem Mixer in ca. 3 Min. cremig rühren. Das Ei zugeben und die Masse 1 Min. weiter schlagen. Den Zuckerrübensirup sowie den frischen und kandierten Ingwer unterrühren, anschließend die Mehlmischung in zwei Portionen unterheben. Den Teig abgedeckt 30 Min. im Kühlschrank ruhen lassen.

Den Backofen auf 175 °C vorheizen und zwei Bleche mit Backpapier auslegen. Zum Verzieren den Zucker in ein Schälchen füllen und beiseitestellen. Den Teig aus dem Kühlschrank nehmen, mit einem Teelöffel kleine Portionen abstechen und mit den Händen zu Kugeln formen. Leicht flach drücken und in Zucker wenden. Mit etwas Abstand zueinander auf die Bleche legen und 12–15 Min. backen. Die Plätzchen auf einem Kuchengitter vollständig auskühlen lassen.

Etwa die Hälfte der Schokolade in einer Schüssel über dem warmen Wasserbad schmelzen. Vom Wasserbad nehmen und die restliche Schokolade einrühren, bis sie vollständig geschmolzen ist. Anschließend die Plätzchen zur Hälfte hineintunken, auf ein Backpapier legen und mit kandiertem Ingwer bestreuen. Trocknen lassen und in Dosen aufbewahren. Die Plätzchen halten sich ca. 3 Wochen.

Bratäpfel im Mäntelchen

MIT VANILLESOSSE

Mit Bratäpfeln lassen sich in der kalten Jahreszeit kleine und große Naschkatzen verwöhnen. Allein der Duft, den sie beim Backen verströmen, macht glücklich. Hier werden sie in einen knusprigen Marzipan-Mürbeteig eingehüllt, der lecker schmeckt und die Äpfel mit einem hübschen Winter-Outfit versorgt.

FÜR 4 PORTIONEN

FÜR DIE BRATÄPFEL:
260 g Mehl
150 g kalte Butter,
in Würfeln + 1½ EL
50 g Puderzucker
80 g Marzipanrohmasse,
50 g fein gerieben +
30 g grob gerieben
40 g weiße Schokolade,
fein gerieben
1 Pck. Bourbon-Vanillezucker
1 Prise Salz
4 kleine Äpfel (z. B. Cox Orange
oder Boskoop)
70 g Spekulatius, in Bröseln
2 TL frisch gepresster
Zitronensaft
25 g gehackte Mandeln
¼ TL Zimt
1 Eigelb
1 EL Sahne

FÜR DIE SOSSE:
250 ml Milch
200 ml Sahne
1 Vanilleschote,
Mark ausgekratzt
1 gestr. EL Speisestärke
2 Eigelb
50 g Rohrohrzucker
1 Prise Salz

Für die Bratäpfel Mehl, 150 g Butter, Puderzucker, fein geriebene Marzipanrohmasse, Schokolade, Vanillezucker und Salz zügig zu einem glatten Teig kneten und bis zur Verwendung in den Kühlschrank stellen.

Die Äpfel mit einem Apfelausstecher entkernen, sodass die Öffnung 2–2,5 cm breit ist. Den Apfelstiel zum Garnieren aufheben. Für die Füllung die Spekulatiusbrösel mit grob geriebenem Marzipan, Zitronensaft, Mandeln, Zimt und 1½ EL Butter vermengen. Die Äpfel mit der Mischung füllen.

Den Teig aus dem Kühlschrank nehmen, geschmeidig kneten, in 4 Teile schneiden und zwischen 2 Lagen Frischhaltefolie ca. 0,5 cm dick ausrollen. Jeden Apfel mit Teig umhüllen, dabei oben ein kleines Loch lassen, damit der Dampf entweichen kann. Teigreste zu Blättchen formen und die Äpfel mit den Teigblättchen und dem Stiel verzieren. Für 45 Min. in den Kühlschrank stellen, bis sich der Teig wieder fest anfühlt.

Den Backofen auf 180 °C vorheizen und eine ofenfeste Form mit Backpapier auslegen. Das Eigelb mit der Sahne verquirlen. Die Äpfel in die Form setzen, mit der Eigelb-Sahne-Mischung bestreichen und in 25–30 Min. goldgelb backen.

Für die Soße 200 ml Milch mit der Sahne, dem Vanillemark und der -schote in einen Topf geben und unter Rühren aufkochen. Bei geringer Hitze 5 Min. köcheln lassen. Die restliche Milch mit Speisestärke, beiden Eigelben, Zucker und Salz glatt rühren. Unter Rühren zur Vanillemilch gießen und eindicken lassen. Vom Herd nehmen und nach Belieben abkühlen lassen oder heiß verwenden. Die Vanilleschote kurz vor dem Servieren entfernen.

Die gebackenen Äpfel noch heiß auf Teller verteilen und mit Vanillesoße umgießen.

Glühwein mit Mandarinen

Dieser herrliche Glühwein ist genau das Richtige zum Vorfreuen, Aufwärmen und Feiern. Frische Mandarinen und wunderbare Gewürze sorgen für ein unwiderstehliches Aroma. Allen voran Nelken, die uns sofort in Vorweihnachtsstimmung bringen und ganz nebenbei noch die Abwehrkräfte stärken.

FÜR CA. 500 ML

Abrieb und Saft von
2 Bio-Mandarinen
50 g brauner Zucker
1 Stück Ingwer (1–2 cm),
gerieben
1 Zimtstange
4 Nelken
4 Kardamomkapseln
1 Sternanis
60 g blanchierte Mandeln
0,75 l trockener Rotwein
(z. B. Spätburgunder,
Merlot, Montepulciano)

In einem Topf den Mandarinenabrieb und -saft mit Zucker, Ingwer, den Gewürzen, den Mandeln und 200 ml Rotwein vermischen. Bei niedriger Hitze unter Rühren aufkochen und abgedeckt 20 Min. köcheln lassen. Vom Herd nehmen und etwas abkühlen lassen. Den restlichen Rotwein zugeben. Erneut bei niedriger Hitze erwärmen, aber nicht aufkochen. Den Glühwein 5 Min. ziehen lassen, durch ein Sieb abseihen und in vorgewärmten Bechern servieren.

Mohn-Mandel-Babka

Mandeln werden in diesem Advents-Mohnstrudel gleich im Vierergespann verwendet: als zart-knusprige Blättchen, gehackt, gemahlen und in Form von Bittermandelöl. Sie unterstreichen den nussigen Mohngeschmack und verleihen der Füllung eine feine Konsistenz. Wer den Mohn selber mahlen möchte, kann das mit einer speziellen Mohnmühle oder einer elektrischen Kaffeemühle tun.

FÜR EINE KASTENFORM (CA. 28 X 11 CM)

FÜR DEN TEIG:
300 g Weizenmehl + etwas extra
40 g Rohrohrzucker
1 TL Trockenhefe
1 Pck. Bourbon-Vanillezucker
¼ TL Salz
80 ml Milch
1 Ei
1 Eigelb
60 g zimmerwarme Butter, in Würfeln + etwas für die Schüssel

FÜR DIE FÜLLUNG:
150 ml Milch
150 g Mohn, gemahlen
100 g Rohrohrzucker
40 g Rosinen
25 g Butter
Abrieb von 1 Bio-Zitrone
½ TL Zimt
50 g gehackte Mandeln
50 g gemahlene Mandeln
5 Tropfen Bittermandel-Aroma
1 Eiweiß

AUSSERDEM:
3 EL Mandelblättchen
50 g Puderzucker
2 EL Zitronensaft

Am Vortag für den Teig das Mehl mit Zucker, Hefe, Vanillezucker und Salz in einer Schüssel vermischen. Die Milch mit dem Ei und dem Eigelb verquirlen und zum Mehl geben. Den Teig 10 Min. kneten, dabei die Butter nach und nach einarbeiten. Zur Kugel formen und in eine gefettete Schüssel legen. Mit Frischhaltefolie abgedeckt über Nacht im Kühlschrank gehen lassen.

Für die Füllung die Milch mit allen weiteren Zutaten bis auf das Eiweiß in einem Topf vermischen. Unter Rühren bei niedriger Hitze ca. 3 Min. köcheln lassen. Abkühlen lassen, das Eiweiß untermischen und die Masse kalt stellen.

Am nächsten Tag eine Kastenform mit Backpapier auskleiden. Den Teig auf einer bemehlten Arbeitsfläche zu einem Rechteck (ca. 25 x 45 cm) ausrollen und mit der Füllung bestreichen. Von der kurzen Seite her aufrollen. Die Rolle mit der Nahtseite nach unten legen und mit einem scharfen Messer längs (!) halbieren, sodass zwei lange Stränge entstehen. Diese nun umeinanderwickeln: Dafür beide Stränge zunächst in der Mitte zu einem schrägen Kreuz (ähnlich einem X) legen, dann die Enden umeinanderwickeln. Die Füllung sollte nach oben zeigen. Den Zopf in die Backform legen, mit einem Küchentuch abdecken und ca. 1 Std. bei Zimmertemperatur gehen lassen.

Den Backofen auf 165 °C vorheizen. Die Mandelblättchen in einer Pfanne ohne Fett anrösten und beiseitestellen. Die Babka in 50–60 Min. goldbraun backen. Nach der Hälfte der Backzeit evtl. mit Backpapier abdecken. Aus dem Ofen nehmen und auf ein Kuchengitter setzen. Den Puderzucker mit Zitronensaft glatt rühren, die heiße Babka damit beträufeln und mit Mandelblättchen bestreuen.

Winter-Chutney

MIT BIRNE UND CRANBERRYS

Dieses würzige Chutney erstrahlt durch die Cranberrys in festlichem Rot und ist ein tolles Wichtel- und Weihnachtsgeschenk. Das Chutney ist nur leicht scharf, es passt sehr gut zu Fleisch und bildet einen hübschen Aroma- und Farbakzent auf der Käseplatte.

FÜR CA. 600 G

50 ml Apfelessig
1 Zwiebel, in Streifen geschnitten
1 Stück Ingwer (25 g), fein gerieben
Abrieb und 125 ml Saft von 1 Bio-Orange
1 TL Abrieb von 1 Bio-Zitrone
1 Zimtstange
1 TL Koriandersamen
½ TL gemahlene Nelken
1 Msp. Chiliflocken
250 g Birne, in Würfeln
150 g Cranberrys (frisch oder TK)
100 g Rohrohrzucker

AUSSERDEM:
2 sterilisierte Schraubgläser à 250 ml

Um die Schraubgläser zu sterilisieren, Gläser und Deckel in einen Topf mit kochendem Wasser geben. 10 Min. erhitzen, aus dem Wasser nehmen, ohne die Innenseiten mit den Händen zu berühren, und bis zur Verwendung umgedreht im 100 °C heißen Ofen trocknen lassen.

Für das Chutney den Essig mit Zwiebel, Ingwer, Orangenabrieb und -saft, Zitronenabrieb, Zimtstange, Koriander, Nelken und Chiliflocken in einem Topf vermischen. Bei mittlerer Temperatur erhitzen und 10 Min. köcheln lassen. Birne, Cranberrys und Zucker unterrühren und alles bei niedriger Temperatur ca. 30 Min. ziehen lassen, bis die Birne und die Beeren weich sind. Vom Herd nehmen und die Zimtstange entfernen. Das Chutney noch heiß in die vorbereiteten Gläser füllen und gut verschließen. Am besten vor dem Verzehr ein paar Tage durchziehen lassen.

Entenbrust

MIT PORTWEIN-SCHOKOLADEN-SOSSE

Die weihnachtlich gewürzte Entenbrust bekommt hier eine tiefdunkle
Soße zur Seite gestellt, die mit einem Hauch Schokolade verfeinert wird.
Die Bitterschokolade verleiht der Soße ein leicht herbes Aroma, das den
delikaten Geschmack des Entenfleisches schön unterstreicht.

FÜR 4 PORTIONEN

FÜR DIE ENTE:
4 Entenbrüste (à 250 g),
ohne Knochen, mit Haut
5 Pfefferkörner
6 Wacholderbeeren
2 Nelken
1 TL Zimt
2 TL Salz
1 TL Bratöl + etwas
für die Form

FÜR DIE SOSSE:
200 ml trockener Rotwein
1 TL Speisestärke
30 g brauner Zucker
ca. 50 g eiskalte Butter
500 ml Portwein
200 ml Enten- oder
Gemüsefond
1 EL Schwarzes
Johannisbeergelee
10 g Bitterschokolade
Salz
schwarzer Pfeffer,
frisch gemahlen

Den Backofen auf 100 °C vorheizen und eine ofenfeste Form leicht
einölen.
Die Entenbrüste abspülen und trocken tupfen. Die Hautseite mit
einem scharfen Messer oder einem Cutter rautenförmig im Abstand von 1 cm einschneiden, dabei nicht ins Fleisch schneiden.
Die Gewürze mit dem Salz in einem Mörser mahlen, die Hautseite
damit einreiben und 1 Std. abgedeckt im Kühlschrank ziehen
lassen. Eine kalte Pfanne mit Öl ausstreichen und die Entenbrüste
mit der Hautseite nach unten bei mittlerer Hitze 8 Min. anbraten.
Wenden und 4 Min. auf der Fleischseite anbraten. Mit der Hautseite nach oben in die ofenfeste Form legen und ca. 45 Min. im
Ofen garen.

Für die Soße 2 TL Rotwein mit der Speisestärke glatt rühren und
beiseitestellen. Den Zucker mit 1 EL Butter in einem Topf karamellisieren lassen. Mit Rotwein ablöschen und kurz reduzieren. Nun
den Portwein in 3–4 Portionen zugeben und reduzieren lassen.
Fond und Johannisbeergelee zufügen und die Soße auf etwa die
Hälfte einkochen. Die Schokolade in der Soße schmelzen und die
restliche Butter einrühren. Die Speisestärke einrühren, die Soße
1 Min. köcheln lassen und mit Salz und Pfeffer abschmecken.

Die Entenbrüste aus dem Ofen nehmen und in Scheiben schneiden. Auf eine vorgewärmte Platte legen und mit der Soße servieren.

Preiselbeer-Quitten-Tarte

MIT VANILLEEIS

Die leicht säucherliche Preiselbeer-Quitten-Tarte wird durch das Aroma
einer frischen Vanilleschote wunderbar verfeinert und ist zusammen mit
einer Kugel feinem Vanilleeis ein herrliches Gericht in der kalten Winterzeit.

**FÜR 1 TARTE- ODER
SPRINGFORM (Ø CA. 26 CM)**

FÜR DEN TEIG:
250 g Mehl + etwas extra
3 EL gemahlene Mandeln
50 g Puderzucker
1 TL Zimt
1 Msp. Salz
180 g kalte Butter, in Würfeln
ca. 4 EL eiskaltes Wasser

FÜR DEN BELAG:
800 g Quitten
50 g Zucker
1 Vanilleschote,
Mark ausgekratzt
Saft und 2 Streifen Schale
von 1 Bio-Zitrone
2 EL Speisestärke
300 g Wildpreiselbeeren
Abrieb von 1 Bio-Orange
2 EL gemahlene Mandeln

AUSSERDEM:
1 Eigelb
1 EL Sahne
2 EL Rohrohrzucker
1 TL Zimt
ca. 1 l Vanilleeis

Für den Teig das Mehl mit Mandeln, Puderzucker, Zimt und
Salz mischen. Butter zugeben und alles zu Streuseln verarbeiten.
Nach und nach so viel Wasser zugeben, bis ein glatter Teig
entsteht. Flach drücken, in Frischhaltefolie wickeln und 2 Std.
kalt stellen.

Für den Belag die Quitten schälen, vierteln und das Kerngehäuse
entfernen. Die Viertel längs in 3–4 Spalten schneiden. Mit Zucker,
Vanilleschote und -mark, Zitronensaft und -schale in einen Topf
geben und mit ca. 1 l Wasser bedecken. Bei niedriger Temperatur
ca. 40 Min. garen, bis sie sehr weich sind, aber nicht zerfallen.
Die Quitten im Sirup abkühlen lassen. 4 EL kalten Sirup abneh-
men und mit der Speisestärke verrühren. Die Quitten in einem
Sieb abtropfen lassen, in kleine Würfel schneiden und mit Preiselbeeren, Orangenabrieb und Mandeln in einem Topf unter Rühren
bei niedriger Hitze aufkochen. Die aufgelöste Speisestärke unterrühren und alles aufkochen. Abkühlen lassen.

Den Backofen auf 200 °C vorheizen. Den Teig in zwei Stücke
teilen, wobei eines etwas größer sein sollte. Dieses auf der leicht
bemehlten Arbeitsfläche ausrollen, eine Tarte- oder Springform
damit auskleiden, dabei einen kleinen Rand formen. Einen Teil
des restlichen Teiges ausrollen und Sterne ausstechen, den übrigen Teig rund ausrollen.
Den Tarteboden mit der Preiselbeer-Quitten-Mischung bestreichen.
Den Teigdeckel daraufsetzen, andrücken und die Sterne darauf
verteilen. Das Eigelb mit der Sahne verquirlen. Den Teig damit
bestreichen. Zucker und Zimt vermischen und daraufstreuen. Die
Tarte 20 Min. backen, dann die Temperatur auf 175 °C reduzieren, den Kuchen mit Backpapier abdecken und ca. 20 Min. fertig
backen. Abkühlen lassen und mit Vanilleeis servieren.

Knuspertrüffel mit Chili

Diese Pralinen mit köstlich-knusprigem Krokant versüßen uns die Adventszeit und sind wirklich zum Dahinschmelzen lecker. Ein Hauch Chili und ein Schuss Orangenlikör sorgen für willkommene innere Wärme an frostigen Tagen.

FÜR CA. 26 STÜCK

FÜR DIE FÜLLUNG:
100 g Sahne
250 g Vollmilchschokolade,
in Stücken
40 ml Cointreau
1 TL Chiliflocken

FÜR DEN KROKANT:
60 g gehackte Mandeln
½ TL Öl
100 g Rohrrohrzucker
1 gestr. TL Zimt
½ TL Kardamom

FÜR DIE GLASUR:
250 g Zartbitterschokolade
(mind. 75 % Kakaoanteil)

Für die Füllung die Sahne bei niedriger Hitze erwärmen. Vom Herd nehmen und die Schokolade darin unter Rühren schmelzen. Vollständig abkühlen lassen. Den Cointreau und die Chiliflocken einrühren und die Masse in einem verschlossenen Behälter mind. 3 Std. kalt stellen.

Für den Krokant die gehackten Mandeln in einer Pfanne ohne Fett rösten. Einen Bogen Backpapier dünn mit Öl bestreichen. In einem Topf 60 ml Wasser mit dem Zucker bei niedriger Hitze erwärmen. Die Temperatur erhöhen und den Sirup goldbraun karamellisieren lassen. Die Mandeln, Zimt und Kardamom gut unterrühren und die Masse auf dem vorbereiteten Backpapier verteilen. Glatt streichen und vollständig abkühlen lassen. Den Krokant mit einem großen Messer in kleine Stückchen hacken und in eine Schale füllen. Aus der Füllung mit 2 Teelöffeln Kugeln formen und im Krokant wälzen. Für 10 Min. ins Gefrierfach stellen.

Für die Glasur die Hälfte der dunklen Schokolade in einer Schüssel über dem heißen Wasserbad schmelzen. Vom Wasserbad nehmen und die restliche Schokolade einrühren, bis sie geschmolzen ist. Die Kugeln mithilfe zweier Gabeln darin wenden. Die Trüffel auf ein Backpapier setzen und bei Zimmertemperatur fest werden lassen.

Ofenkürbis

MIT HASELNUSS-PISTAZIEN-DUKKAH

Wenn die Tage kürzer werden, freuen wir uns auf gemütliche Ofengerichte. Dieser geröstete Kürbis wird von Dukkah, einer ägyptischen Haselnuss-Gewürz-Mischung, begleitet. Am besten stellt man von diesem goldgelben Aromawunder gleich die doppelte Portion her, denn in ein hübsches Glas verpackt, macht sie sich wunderbar als kleines Adventsgeschenk.

FÜR CA. 4 PORTIONEN

FÜR DEN KÜRBIS:
1 kg Hokkaido-Kürbis
3 EL Olivenöl
1 EL Akazienhonig
1 EL Zitronensaft
Salz
schwarzer Pfeffer,
frisch gemahlen
½ Bd. Blattpetersilie,
fein gehackt
4 Stiele Minze, fein gehackt

FÜR DIE DUKKAH:
80 g Haselnusskerne
30 g Pistazienkerne
3 EL Sesam
3 EL Koriandersamen
1 EL Fenchelsamen
1 EL schwarze Pfefferkörner
1 EL Schwarzkümmel
3 EL Kürbiskerne
2 TL Paprikapulver edelsüß
2 TL Salz

AUSSERDEM:
4 EL griechischer oder
türkischer Sahnejoghurt

Für die Dukkah den Backofen auf 150 °C vorheizen. Die Haselnusskerne auf einem Backblech verteilen und ca. 10 Min. rösten. Abkühlen lassen und die Haut abreiben. Zusammen mit den Pistazienkernen in einen Blitzhacker geben und grob hacken. Sesam, Koriander, Fenchel, Pfeffer und Schwarzkümmel in einer Pfanne ohne Fett bei mittlerer Temperatur anrösten. Leicht abkühlen lassen. In einen Mörser geben, fein zerstoßen und zu den Kernen geben. Kürbiskerne, Paprikapulver und Salz zugeben, alles einmal durchmixen und beiseitestellen.

Für den Kürbis die Backofentemperatur auf 200 °C erhöhen. Ein Blech mit Backpapier auslegen.
Den Kürbis entkernen, in 1,5 cm dicke Spalten schneiden und auf dem Blech verteilen. Das Öl mit Honig, Zitronensaft, Salz und Pfeffer verquirlen und den Kürbis damit beträufeln. In 20–25 Min. weich garen. Aus dem Ofen nehmen und auf eine vorgewärmte Platte geben. Mit Petersilie, Minze und Dukkah bestreuen und mit einem Klecks Joghurt servieren.

Röstmandel-Honig-Aufstrich

MIT ZIMT

Für diesen cremigen Aufstrich werden die Mandeln vor dem Mahlen geröstet.
Das unterstreicht ihr schönes Aroma und erfüllt das Haus mit herrlichem Duft.
Zimt und Honig runden den winterlichen Geschmack ab und sorgen für
weihnachtliche Stimmung am Frühstückstisch.

FÜR CA. 350 G

200 g Mandeln (mit Haut)
80 ml Kokosöl, zerlassen
80 g Akazienhonig
1 ½ TL Zimt
1 Prise Salz

AUSSERDEM:
1 sterilisiertes Schraubglas

Um das Schraubglas zu sterilisieren, Glas und Deckel in einen Topf mit kochendem Wasser geben. 10 Min. erhitzen, aus dem Wasser nehmen ohne die Innenseiten mit den Händen zu berühren und bis zur Verwendung umgedreht im 100 °C heißen Ofen trocknen lassen.

Den Backofen auf 175 °C vorheizen. Die Mandeln auf einem Backblech verteilen und 12–15 Min. rösten, dabei alle 5 Min. gründlich durchmischen. Zur Probe eine Mandel durchbrechen; sie sollte innen schön gebräunt sein. Abkühlen lassen und in einen Mixer füllen. Pulsierend zu einer Paste verarbeiten. Das kann je nach Gerät durchaus 15 Min. dauern. Das Öl in den Mixer geben und untermischen. Erst dann Honig, Zimt und Salz zufügen und alles noch einmal gut durchmixen. Anschließend den Aufstrich in ein sauberes Schraubglas füllen.

Die Paste kann bei Zimmertemperatur aufbewahrt werden. Falls sich nach einiger Zeit Öl an der Oberfläche absetzt, den Aufstrich einfach gut durchmischen.

Lebkuchenparfait

MIT ROTWEIN-PFLAUMEN

Dieses weihnachtliche Dessert passt nicht nur wunderbar auf die festliche Tafel,
es lässt sich auch ganz entspannt im Voraus zubereiten. Man kann es entweder
in einer Kastenform machen und zum Anrichten in Scheiben schneiden,
oder man gibt die Masse in kleine Förmchen und stürzt das Parfait zum Servieren
auf Dessertteller.

FÜR CA. 4 PORTIONEN

FÜR DAS PARFAIT:
40 g Lebkuchen
250 ml Sahne
1 Ei
1 Eigelb
60 g Rohrohrzucker

**FÜR DIE ROTWEIN-
PFLAUMEN:**
100 g brauner Zucker
200 ml trockener Rotwein
1 Vanilleschote,
Mark ausgekratzt
1 Sternanis
4 Kardamomkapseln,
angedrückt
250 g Pflaumen,
entsteint und geviertelt

Für das Parfait den Lebkuchen fein zerbröseln und beiseitestellen.
Die Sahne steif schlagen und abgedeckt kalt stellen. Das Ei mit
dem Eigelb und dem Zucker über einem warmen Wasserbad
cremig aufschlagen. Anschließend die Schüssel in eine Eiswas-
serschüssel setzen und die Masse kalt schlagen, bis ein dicker,
glänzender Schaum entsteht. Den Lebkuchen mit der Ei-Creme
vermengen und die Sahne unterheben. Die Parfait-Masse in eine
gekühlte Kastenform füllen und ca. 3 Std. gefrieren.

Für die Rotwein-Pflaumen den Zucker in einem schweren Topf bei
mittlerer Temperatur schmelzen. Mit Rotwein ablöschen, Vanillemark und -schote, Sternanis und Kardamomkapseln zufügen
und unter Rühren aufkochen. Den Sirup bei niedriger Temperatur
20 Min. einkochen. Durch ein Sieb in einen sauberen Topf füllen.
Die Pflaumen dazugeben, alles erhitzen und weitere 10 Min.
kochen. Vom Herd nehmen und abkühlen lassen.

Die Form mit dem Parfait aus dem Eisfach nehmen, für einige
Sekunden in warmes Wasser setzen und die Masse auf eine Platte
stürzen. Das Parfait in Scheiben schneiden, auf Teller verteilen
und die Rotwein-Pflaumen dazugeben.

Rotkohl

MIT SCHWARZEN JOHANNISBEEREN

Nichts begleitet Weihnachtsgans und Knödel besser als würziger Rotkohl.
Ganz besonders köstlich wird das Kraut, wenn winterliche Gewürze für ein
schönes Aroma sorgen. Die Konfitüre verleiht dem Rotkohl eine fruchtige
Note und einen schönen Glanz. Statt schwarzer Johannisbeere kann man
auch sehr gut Preiselbeeren verwenden.

FÜR 4–6 PORTIONEN

1 Rotkohl (ca. 1 kg)
Salz
1 EL Sonnenblumenöl
1 Zwiebel, in Scheiben
150 ml trockener Rotwein
150 g Schwarze
Johannisbeerkonfitüre
ca. 6 EL Rotweinessig + etwas
zum Abschmecken
1 TL Piment
je ½ TL Zimt, gemahlene
Nelken und Kardamom
1 Lorbeerblatt
schwarzer Pfeffer,
frisch gemahlen
50 g Butter
1 Kartoffel, fein gerieben

Den Rotkohl vierteln, den Strunk entfernen und die Blätter fein
hobeln. In eine große Schüssel geben, 3 TL Salz untermischen und
den Kohl so lange kneten, bis Flüssigkeit austritt (dafür Einweg-
handschuhe anziehen). In einem Topf das Öl erhitzen und die
Zwiebel darin andünsten. Mit dem Rotwein ablöschen und 1 Min.
kochen. Konfitüre, Essig, Gewürze und ½ TL Pfeffer unterrühren.
Noch heiß mit dem Rotkohl vermengen und abgedeckt an einem
kühlen Ort über Nacht ziehen lassen.

Am nächsten Tag die Butter in einem Topf zerlassen und den
Rotkohl darin erhitzen. 100 ml Wasser und die Kartoffel zugeben
und den Rotkohl abgedeckt bei niedriger Temperatur ca. 1 Std.
schmoren. Dabei gelegentlich umrühren und bei Bedarf etwas
Wasser zugeben. Mit Salz, Pfeffer und Essig abschmecken.

Früchtebrot

MIT DUNKLER SCHOKOLADE

Dieses Früchtebrot hat seinen Namen verdient, denn der Teig ist fast nur dazu da, die grandiose Menge an köstlichen Trockenfrüchten zusammenzuhalten. Die etwas zeitintensivere Zubereitung der Früchte lässt sich wunderbar als besinnliche oder gesellige Auszeit genießen.

FÜR 1 KASTENFORM (11 X 30 CM) ODER 8 MINI-KASTENFORMEN (CA. 5 X 10 CM)

FÜR DAS BROT:
20–40 Mandelkerne
400 g Rosinen
50 ml Rum
je 125 g getrocknete Feigen, Aprikosen, Datteln, Cranberrys und Pflaumen
10 getrocknete Apfelringe (ca. 50 g)
je 100 g Zitronat und Orangeat
125 g Zartbitterschokolade
180 g gemahlene Mandeln + etwas zum Verzieren
125 g Weizenmehl
1 gestr. TL Weinstein-Backpulver
1 TL Zimt
3 Eier
125 g brauner Zucker

FÜR DIE GLASUR:
50 ml Rum
2 EL Rohrohrzucker
1 EL Aprikosenmarmelade

Den Backofen auf 165 °C vorheizen. Eine Kastenform oder 8 Mini-Kastenformen mit Backpapier auskleiden.

Für das Brot die Mandelkerne mit heißem Wasser überbrühen, 15 Min. quellen lassen, aus der Schale drücken und beiseitestellen. 100 g Rosinen mit dem Rum in einem Schälchen mischen und bis zur Verwendung einweichen lassen. Die übrigen Rosinen zusammen mit allen weiteren Trockenfrüchten, Zitronat und Orangeat fein hacken, die Schokolade grob hacken. In einer Schüssel vermischen. Mandeln, Mehl, Backpulver und Zimt verrühren und mit den Trockenfrüchten und den eingeweichten Rosinen vermengen. Eier und Zucker mit einem Mixer hell und cremig schlagen und unterheben. Den Teig in die Backform füllen, fest andrücken und glatt streichen. Mit Mandeln verzieren. Das Früchtebrot 45 Min. backen. Mit Backpapier abdecken und in weiteren 30–45 Min. (bei kleinen Broten reichen ca. 25 Min.) fertig backen.

Für die Glasur den Rum mit 50 ml Wasser, Zucker und Aprikosenmarmelade in einem kleinen Topf ca. 5 Min. köcheln lassen. Das Früchtebrot aus dem Backofen nehmen, vollständig abkühlen lassen und damit bestreichen. In Alufolie wickeln und vor dem Verzehr ca. 1 Woche durchziehen lassen.

Advents-Chai-Latte

Frisch gemörserter Kardamom verleiht diesem Gewürztee einen unverwechselbar aromatisch-scharfen Geschmack. Wer mag, kann etwas mehr zubereiten und den Tee vor der Zugabe von Milch und Honig in saubere Flaschen abfüllen. Im Kühlschrank lässt er sich mehrere Tage aufbewahren und ist griff- und aufwärmbereit, wenn durchgefrorener Besuch kommt.

FÜR CA. 4 PORTIONEN

1 Zimtstange
8 Kardamomkapseln
6 Nelken
½ TL schwarze Pfefferkörner
2 Sternanise
½ Vanilleschote,
in kleinen Stücken
1 Stück Ingwer (ca. 2 cm),
in Scheiben
½ TL gemahlene Kurkuma
2 EL kräftiger loser schwarzer
Tee (z. B. Darjeeling)
500 ml Milch
ca. 2 EL Honig

Zunächst die Zimtstange und anschließend die Kardamomkapseln, die Nelken und die Pfefferkörner in einem Mörser grob zerstoßen. Mit Sternanisen, Vanille, Ingwer und Kurkuma in einen Topf geben. 300 ml Wasser angießen, zum Kochen bringen und bei niedriger Hitze 10 Min. köcheln lassen. Den Tee einrühren und 5 Min. ziehen lassen. Den Gewürztee durch ein Sieb abseihen, Milch und Honig zugeben, aufkochen und vom Herd nehmen. Auf 4 Teegläser oder Becher verteilen, nach Belieben mit etwas mehr Honig süßen und heiß genießen.

Mandelbrioche

MIT MANDARINENSIRUP

Diese Brioche kann wunderbar zum Adventskaffee genossen werden,
aber schmeckt auch herrlich luxuriös an einem verschneiten Sonntagmorgen.
Der Sirup und die Mandelcreme lassen sich sehr gut am Vortag zubereiten
und im Kühlschrank aufbewahren. Dann steht einem entspannten Winterfrühstück
nichts mehr im Weg.

FÜR 8 STÜCK

FÜR DEN SIRUP:
4–6 Bio-Mandarinen
120 g Rohrohrzucker
50 g blanchierte Mandeln,
gemahlen

FÜR DIE MANDELCREME:
100 g weiche Butter
100 g blanchierte Mandeln,
gemahlen
3 EL Puderzucker
1 EL Speisestärke
1 Ei, verquirlt
Mark von 1 Vanilleschote
1 Prise Salz

AUSSERDEM:
8 Scheiben Brioche
(jeweils 2,5 cm dick)
ca. 200 g Mandelblättchen

Für den Sirup die Schale von 2 Mandarinen abreiben und mit
dem Zucker in einen kleinen Topf geben. Alle Mandarinen auspressen und 200 ml Saft abmessen. Mit den Mandeln zum Zucker
geben. Die Mischung unter Rühren aufkochen. Vom Herd nehmen
und mind. 2 Std. durchziehen lassen.

Für die Mandelcreme die Butter mit einem Mixer cremig rühren.
Die Mandeln mit dem Puderzucker und der Speisestärke mischen
und unterrühren. Zum Schluss Ei, Vanillemark und Salz unter-
mischen.
Den Backofen auf 200 °C vorheizen. Ein Backblech mit Backpapier
auslegen. Die Brioche-Scheiben im Sirup wenden und auf das
Blech legen. Die Mandelcreme daraufstreichen, dabei 0,5 cm Rand
lassen. Die Mandelblättchen in einen tiefen Teller füllen und die
Brioche-Scheiben mit der Mandelcreme-Seite leicht hineindrücken.
Wieder auf das Blech legen und in 15–20 Min. goldgelb backen.
Die Mandelbrioche schmeckt warm und kalt.

Roter Gravlax

MIT SÜSSSAURER SENFSOSSE

Ein schönes Lachsfilet selbst zu beizen hat einen wunderbar ursprünglichen
Charakter und passt sehr gut in die Vorweihnachtszeit, in der man sich gerne
auf Traditionen besinnt. Dass dabei eine festliche Vorspeise entsteht, erfreut das
Gastgeberherz umso mehr!

FÜR CA. 6 PORTIONEN

ZUM BEIZEN:
1 kg Lachsfilet mit Haut
100 g mittelgrobes oder
feines Meersalz
30 g Zucker
1 EL Wacholderbeeren,
grob zerstoßen
1 EL schwarzer Pfeffer,
zerstoßen
Abrieb und Saft von
½ Bio-Zitrone
3 EL Gin
1 Rote Bete, geschält
und fein gerieben
1 TL Tafelmeerrettich

**ZUM WÜRZEN NACH DEM
BEIZEN:**
je 1 EL Wacholderbeeren,
schwarze Pfefferkörner und
Koriandersamen
1 Bund Dill, gehackt
Abrieb von ½ Bio-Zitrone

FÜR DIE SOSSE:
6 EL Dijon-Senf
2 EL Apfelessig
3 EL Rohrohrzucker
Meersalz
schwarzer Pfeffer,
frisch gemahlen
200 ml Olivenöl
3 EL Dill, gehackt

Zum Beizen das Lachsfilet abspülen und mit Küchenpapier trocken
tupfen. Gräten entfernen und das Filet in zwei Hälften schneiden.
Beide Teile mit der Haut nach unten in eine Auflaufform oder
einen Bräter legen. Salz, Zucker, Wacholderbeeren, Pfeffer und Zitronenabrieb vermischen und großzügig auf dem Lachs verteilen.
Er soll gleichmäßig davon bedeckt sein. Mit Zitronensaft und Gin
beträufeln. Rote Bete und Meerrettich vermischen und auf den
Fisch drücken. Die Hälften mit der Fleischseite aufeinanderlegen
und dicht mit Frischhaltefolie bedecken. Ein Brett o. Ä. auf den
Lachs legen und mit Gewichten (z. B. Konservendosen) beschwe-
ren. Im Kühlschrank nach Belieben 8–48 Std. beizen. Je länger,
desto salziger und haltbarer ist der Fisch. Er sollte sich am Ende
deutlich fest anfühlen. Während der Beizzeit den Fisch mindes-
tens zweimal wenden.

Für die Soße den Senf mit Apfelessig, Rohrohrzucker, Meersalz und
Pfeffer verrühren. Das Olivenöl langsam unterschlagen und den
gehackten Dill unterrühren. Die Senfsoße 1 Tag im Kühlschrank
durchziehen lassen.

Zum Würzen den Lachs nach dem Beizen aus dem Kühlschrank
nehmen und die ausgetretene Flüssigkeit entsorgen. Kräuter, Rote
Bete, Salz und Gewürze mit einem Küchentuch vom Fisch streifen
und den Lachs auf ein sauberes Brett legen. Wacholderbeeren,
Pfefferkörner und Koriandersamen in einem Mörser zerstoßen. Die
Gewürzmischung mit dem gehackten Dill und dem Zitronenabrieb
auf dem Fisch verteilen und leicht andrücken. Man kann den
Fisch nun entweder dicht mit Frischhaltefolie bedecken und noch
einmal einige Std. durchziehen lassen oder sofort aufschneiden.
Dafür ein scharfes Messer schräg ansetzen, den Lachs mit langen
Zügen in sehr dünne Scheiben schneiden und von der Haut lösen.
Lachs, der 48 Std. gebeizt wurde, hält sich im Kühlschrank ca.
2 Wochen.

Orangenmarmelade

MIT KANDIERTEM INGWER

Wenn Orangenduft die Küche erfüllt, kommt selbst in der trüben Jahreszeit gute Laune auf. Das frisch-herbe Aroma der Orangen wird hier mit würzigem Ingwer gepaart und lässt beim Frühstück die Wintersonne aufgehen.

FÜR 3 GLÄSER À 250 ML

7 Bio-Orangen
300 g Gelierzucker 2:1
4 EL kandierter Ingwer,
fein gehackt

AUSSERDEM:
3 sterilisierte Schraubgläser
à 250 ml

Um die Schraubgläser zu sterilisieren, Gläser und Deckel in einen Topf mit kochendem Wasser geben. 10 Min. erhitzen, aus dem Wasser nehmen ohne die Innenseiten mit den Händen zu berühren und bis zur Verwendung umgedreht im 100 °C heißen Ofen trocknen lassen.

3 Orangen sehr dünn mit einem Sparschäler schälen. Die weiße Haut ggf. mit einem scharfen Messer von der Schale entfernen. Die Schalenstücke in sehr feine Streifen schneiden. Mit 300 ml Wasser in einen Topf geben und aufkochen. Abgedeckt bei niedriger Temperatur 45 Min. köcheln, anschließend den Deckel öffnen und so lange weiter köcheln lassen, bis die Flüssigkeit verdampft ist. Vom Herd nehmen.

Die verbleibenden 4 Orangen auspressen und 600 ml Saft abmessen. Orangenschale, Saft und Gelierzucker in einem Topf verrühren und bei hoher Temperatur erhitzen. 3 Min. sprudelnd kochen lassen und die Gelierprobe machen: Wird ein kleiner Tropfen auf einem kalten Teller innerhalb kürzester Zeit fest, ist das Gelee fertig. Den Ingwer unterrühren und die Marmelade in die vorbereiteten Gläser füllen. Gut verschließen und für 5 Min. auf den Kopf stellen. Umdrehen und abkühlen lassen.

18

Schoko-Gewürzbirnen-Auflauf

Für diesen Nachtisch bekommen die Birnen zunächst ein aromatisches Gewürzbad und dürfen es sich dann in himmlisch dekadenter Schokolade gemütlich machen. Man kann den Auflauf entweder in einer großen Form zubereiten oder individuelle Portionen mit je einer Birne machen. In jedem Fall sollten die Birnen so klein wie möglich sein, damit sie zum größten Teil in der leckeren Schokoladenmasse stecken können.

FÜR 6 PORTIONEN

FÜR DIE BIRNEN:
6 kleine Birnen
1 l Birnensaft
5 Kardamomkapseln, angedrückt
4 Nelken
2 Sternanise
Mark von 1 Vanilleschote
1 Zimtstange

FÜR DEN AUFLAUF:
250 g Zartbitterschokolade, grob gehackt
180 g Butter + etwas extra für die Form
4 Eier
100 g brauner Zucker + etwas extra
1 TL Bourbon-Vanillezucker
80 g Weizenmehl
1 TL Weinstein-Backpulver
¼ TL Salz

FÜR DIE GLASUR:
50 g brauner Zucker
1 Prise Salz
10 g Butter

Die Birnen schälen, aber den Stiel nicht entfernen. Den Birnensaft mit den Gewürzen und den Birnen in einen Topf geben. Evtl. etwas Wasser zugeben, damit die Birnen vollständig bedeckt sind. Erhitzen und bei niedriger Temperatur 10–15 Min. köcheln lassen. Die Birnen sollen noch ihre Form behalten, aber schön weich sein. Vom Herd nehmen und über Nacht ziehen lassen.

Am nächsten Tag für den Auflauf den Backofen auf 180 °C vorheizen. Eine Auflaufform (ca. 30 x 16 cm) gut fetten und mit Zucker ausstreuen. Die Birnen aus dem Sud heben, trocken tupfen und die Unterseite mit einem Messer begradigen, damit sie stabil stehen. In die Auflaufform setzen. Die Schokolade mit der Butter über einem warmen Wasserbad schmelzen und abkühlen lassen. Eier und Zucker mit einem Mixer hell und cremig schlagen, bis sich der Zucker aufgelöst hat. Den Vanillezucker und die zuvor angerührte Schoko-Butter-Masse untermischen. Das Mehl mit Backpulver und Salz vermischen und unterheben. Den Teig um die Birnen herum in die Form füllen und den Auflauf 25 Min. backen.

Für die Glasur Zucker, Salz und 1 EL vom Gewürzsud der Birnen in einem kleinen Topf karamellisieren lassen. Vom Herd nehmen. Die Butter unterrühren.

Den Auflauf aus dem Ofen nehmen, Birnen und Teig mit der Glasur bestreichen und warm servieren.

19

Mandel-Orangen-Cantuccini

MIT ANIS

Anissamen verleihen diesem knusprigen Mandelgebäck aus Italien sein weihnachtliches Aroma und sorgen für kleine Geschmacksexplosionen. Die Cantuccini schmecken sehr gut zu Tee oder Kaffee, lassen sich aber auch wunderbar in Vin Santo dippen.

FÜR CA. 40 STÜCK

200 g Weizenmehl
100 g Maismehl
½ TL Weinstein-Backpulver
½ TL Salz
80 g zimmerwarme Butter
180 g Rohrohrzucker
2 Eier, verquirlt
Abrieb von 2 Bio-Orangen
1 ½ TL Anissamen
200 g Mandeln, grob gehackt

In einer Schüssel beide Mehle mit Backpulver und Salz vermischen und beiseitestellen. Butter und Zucker mit einem Mixer cremig rühren. Die Eier nacheinander zugeben und jeweils 1 Min. unterschlagen. Den Orangenabrieb und die Anissamen zufügen. Die Mehlmischung untermixen, anschließend die Mandeln untermischen. Den Teig (er ist klebrig, das ist richtig so) mind. 2 Std., am besten aber über Nacht, im Kühlschrank ruhen lassen.

Den Backofen auf 175 °C vorheizen und ein Blech mit Backpapier auslegen.
Den Teig halbieren und beide Teigportionen auf dem Backpapier mit nassen Händen zu 2 Rollen (je 28–30 cm lang) formen.
In 25–30 Min. goldbraun backen. Aus dem Ofen nehmen und 15 Min. abkühlen lassen. Die Backofentemperatur auf 160 °C reduzieren. Die Rollen mit einem Sägemesser schräg in 1,5 cm dicke Scheiben schneiden, diese auf mit Backpapier belegten Blechen verteilen und 7 Min. backen. Alle Cantuccini wenden und in weiteren 7 Min. fertig backen. Auf einem Kuchengitter abkühlen lassen und in einer Dose aufbewahren. Die Cantuccini halten sich mehrere Wochen.

Walnuss-Karamell-Schnitten

Erst 1, dann 2, dann 3, ... Wer Karamell mag, wird diese unfassbar leckeren
Walnuss-Häppchen lieben und nicht die Finger davon lassen können!
Sie lassen sich wunderbar in kleine Würfel schneiden, sodass die Freude
am Naschen lange anhält.

FÜR CA. 20 WÜRFEL

FÜR DEN TEIG:
300 g Weizenmehl + etwas
extra zum Ausrollen
200 g kalte Butter, in Würfeln
100 g Rohrohrzucker
1 Msp. Muskatnuss,
frisch gemahlen
1 Prise Salz

FÜR DIE FÜLLUNG:
300 g Rohrohrzucker
300 ml Sahne
Mark von 1 Vanilleschote
250 g Walnusskerne,
grob gehackt

AUSSERDEM:
400 g Zartbitterschokolade,
grob gehackt
20 Walnusskerne

Für den Teig alle Zutaten zu einer glatten Masse verkneten.
In Frischhaltefolie wickeln und 30 Min. im Kühlschrank ruhen
lassen.

Den Backofen auf 180 °C vorheizen und eine rechteckige Backform
(ca. 20 x 30 cm) mit Backpapier auskleiden. Den Teig aus dem
Kühlschrank nehmen und geschmeidig kneten. Ca. 220 g Teig auf
der bemehlten Arbeitsfläche ausrollen und den Boden der Backform damit auslegen. Mit einer Gabel mehrmals einstechen und
12 Min. backen. Aus dem Ofen nehmen und abkühlen lassen. Aus
ca. 130 g Teig in der Backform einen Rand formen.

Für die Füllung den Zucker in einem schweren Topf bei mittlerer
Temperatur unter Rühren schmelzen und goldgelb karamellisieren
lassen. Die Temperatur reduzieren und sehr langsam die Sahne
zugeben. Unter Rühren erwärmen, bis sich der fest gewordene
Karamell wieder gelöst hat. Das Vanillemark unterrühren und die
Walnüsse zugeben. Die Masse auf dem Teigboden verteilen, glatt
streichen und abkühlen lassen.

Den restlichen Teig ausrollen, die Karamellmasse damit bedecken
und in 25–30 Min. goldbraun backen. In der Form vollständig
abkühlen lassen. Ungefähr die Hälfte der Schokolade in einer
Schüssel über einem warmen Wasserbad schmelzen. Vom Wasserbad nehmen und die restliche Schokolade einrühren, bis sie vollständig geschmolzen ist. Die Glasur auf den Teigdeckel streichen.
Mit Walnusshälften belegen und über Nacht fest werden lassen.
Die Masse mit einem scharfen Messer in Würfel schneiden, dafür
das Messer am besten immer wieder in heißes Wasser tauchen.

Goldene Gnocchi

MIT PINIENKERNEN UND GEWÜRZBUTTER

Kurkuma verleiht diesem schnell gemachten und sättigenden Gericht seine strahlend goldene Farbe. Gepaart mit frischen Kräutern, Pinienkernen und aromatischen Gewürzen lässt es schlichte Gnocchi zu einem echten Geschmackserlebnis werden.

FÜR 4 PERSONEN

FÜR DIE GNOCCHI:
Salz
¼ TL gemahlene Kurkuma
800 g Gnocchi (Kühlregal)

FÜR DIE GEWÜRZBUTTER:
150 g Butter
4 Schalotten, fein gehackt
2 EL Rosinen
1 TL Salz
je ½ TL gemahlene Kurkuma,
gemahlener Koriander,
gemahlener Ingwer, Paprikapulver edelsüß und Pul Biber
1 Msp. Zimt

AUSSERDEM:
70 g Pinienkerne
Abrieb von ¼ Bio-Orange
je 4 EL Minze und Blatt-
petersilie, fein gehackt

Die Pinienkerne in einer Pfanne ohne Fett anrösten.

Für die Gewürzbutter die Butter in einer Pfanne zerlassen. Die Schalotten darin bei mittlerer Hitze ca. 8 Min. dünsten. Die Rosinen einstreuen und 2 Min. mitdünsten. Das Salz und die Gewürze unterrühren. Die Butter vom Herd nehmen und warm halten.

Für die Gnocchi reichlich Salzwasser aufkochen, die Kurkuma zugeben und die Gnocchi darin nach Packungsanweisung garen. Abgießen und zurück in den Topf geben. Die Gewürzbutter, den Orangenabrieb, die Pinienkerne und die Kräuter unterrühren. Auf vorgewärmte Teller verteilen und sofort servieren.

Weihnachtlicher Honiglikör

Dieser Honiglikör wärmt wunderbar, wenn man mit roten Wangen nach einem Winterspaziergang nach Hause kommt, und kann sogar heiß getrunken werden. Besonders gut schmeckt er, wenn er einige Tage durchziehen durfte und eine goldgelbe Farbe angenommen hat.

FÜR CA. 1 L

350 g Honig
1 Vanilleschote
1 Zimtstange
2 Nelken
¼ TL Muskatnuss,
frisch gerieben
1 Streifen Bio-Orangenschale
500 ml Wodka

Den Honig mit 250 ml Wasser, den Gewürzen und der Orangenschale in einen Topf geben und bei niedriger Temperatur erhitzen. 5 Min. köcheln lassen, anschließend vom Herd nehmen und mind. 30 Min. durchziehen lassen.

Für einen heißen Likör den Sirup durch ein Sieb in einen Topf seihen und erneut aufkochen. Den Wodka zugeben und erhitzen, aber nicht kochen. In hitzefeste Schnaps- oder Likörgläser füllen und heiß genießen.

Für eine Variante, die nicht erneut erhitzt wird, den abgekühlten Sirup durch ein Sieb in eine sterilisierte Flasche (à 1 l) gießen und den Wodka zugeben. Gut verschlossen hält sich der Honiglikör mehrere Monate und eignet sich sehr gut zum Verschenken.

Marzipan-Waffeln

MIT ORANGEN

Duftende, knusprige Waffeln gehören zu den lieb gewonnenen Traditionen
der kalten Jahreszeit und erfreuen alle, wenn es gemütlich und gesellig wird.
Hier werden sie mit Marzipan aromatisch verfeinert und mit frischen Orangen
und einem Klecks Sahne garniert.

FÜR CA. 8 WAFFELN

FÜR DIE WAFFELN:
250 g Weizenmehl
1 ½ TL Weinstein-Backpulver
1 Prise Salz
200 g Marzipanrohmasse,
fein gerieben
125 ml Milch
125 ml Sonnenblumen-
oder Rapsöl
2 Eier, getrennt
4 Tropfen Bittermandelaroma

**FÜR DIE ORANGENSAHNE UND
DIE ORANGEN:**
250 ml Sahne
2 Bio-Orangen
1 EL Puderzucker
2 EL Rohrohrzucker

AUSSERDEM:
4 TL Mandelblättchen
Butter für das Waffeleisen

Für die Orangensahne die Sahne steif schlagen. 1 Orange abreiben
und die Zesten mit dem Puderzucker unterrühren. Bis zum Ge-
brauch kalt stellen. Die Schale und die weiße Haut beider Orangen gründlich entfernen. Die Filets herauslösen, die Orangenreste
ausdrücken und den Saft auffangen. Den Rohrohrzucker in einer
Pfanne bei mittlerer Hitze schmelzen und leicht karamellisieren
lassen. Vorsichtig mit dem Saft ablöschen und die Orangenfilets
zugeben. Kurz einkochen und dann vom Herd nehmen.

Die Mandelblättchen in einer kleinen Pfanne goldgelb anrösten
und beiseitestellen.

Für die Waffeln ein Waffeleisen gut vorheizen. Das Mehl mit
Backpulver, Salz und Marzipan vermischen. In einer zweiten
Schüssel die Milch mit 180 ml Wasser, Öl, den beiden Eigelben
und dem Bittermandelaroma verquirlen. Zur Mehlmischung geben
und unterrühren. Die Eiweiße steif schlagen und unterheben.

Das Waffeleisen gut mit Butter bestreichen. Pro Waffel ca. 1 Kelle
Teig einfüllen und goldbraun backen. Mit der Orangensahne,
Orangen und Mandelblättchen servieren.

Rehragout

MIT PREISELBEEREN

Rehragout ist das perfekte Festessen, denn es schmeckt sehr edel und kann wunderbar im Voraus zubereitet werden. Dem zarten Fleisch werden hier Wacholder- und Preiselbeeren zur Seite gestellt, die sein »Waldaroma« schön betonen. Zum Ragout passen Spätzle, Polenta oder ganz klassisch Knödel.

FÜR 4 PORTIONEN

1 kg Rehfleisch (Keule/Schulter)
30 g Butterschmalz
5 rote Zwiebeln, in Scheiben
250 g Möhren,
in feinen Würfeln
150 g Knollensellerie,
in feinen Würfeln
1 EL Tomatenmark
300 ml Rotwein
5 Wacholderbeeren
3 Pimentkörner
2 TL Pfefferkörner
2 Nelken
1 Lorbeerblatt
1 Prise Zimt
1 TL Salz + etwas
zum Abschmecken
400 ml Wildfond
2 EL Wildpreiselbeeren +
etwas mehr zum Servieren
10 g Zartbitterschokolade
schwarzer Pfeffer,
frisch gemahlen

Das Fleisch von Häutchen und Sehnen befreien und in 3 x 3 cm große Würfel schneiden.

Butterschmalz in einem breiten Topf erhitzen. Die Zwiebeln und das Gemüse darin bei mittlerer Hitze andünsten. Das Tomatenmark zugeben und unter Rühren anbraten. Die Temperatur erhöhen, das Fleisch zugeben und rundum anbraten. Mit 100 ml Rotwein ablöschen und unter Rühren den Bratensatz lösen. Wenn die Flüssigkeit vollständig verdampft ist, alles kurz anbraten.

Den restlichen Wein zufügen und auf die Hälfte einkochen lassen. Alle ganzen Gewürze in ein Tee-Ei geben und mit Zimt, Salz und Wildfond zugeben. Das Ragout bei niedrigster Temperatur abgedeckt 1½ Std. garen. Preiselbeeren und Schokolade zum Fleisch geben. Das Ragout abdecken und in 30–60 Min. fertig garen, bis das Fleisch schön weich ist. Das Tee-Ei entfernen und das Ragout mit Salz und Pfeffer abschmecken. Mit etwas Preiselbeeren und z. B. Knödeln servieren.

Register

Agnes Prus hat schon als Kind die elterliche Küche zur Weihnachtszeit blecheweise mit den unterschiedlichsten Plätzchen gefüllt. Sie arbeitete zunächst als Kunsthistorikerin, hat aber schließlich auf ihr Herz gehört und in einem jungen Kölner Café mehrere Jahre Backstubenluft geschnuppert. Die Helden ihrer Rezepte sind seit jeher natürliche, glücklich machende Zutaten. Sie lebt und arbeitet in Köln.

Frauke Antholz ist als freie Food-Fotografin tätig. Am liebsten steht sie selbst in der Küche, kocht, backt und stylt, bevor sie mit viel Liebe zum Detail den Moment einfängt. Ihre Fotografien erscheinen regelmäßig in Magazinen und Büchern. Sie lebt in der Nähe von Kiel und genießt während der Arbeit den entspannten Blick auf Wald und Wiese.

FSC
www.fsc.org

MIX
Papier aus verantwortungsvollen Quellen
FSC® C002795

5 4 3 2 1   22 21 20 19 18
978-3-88117-174-8

Rezeptentwicklung: Agnes Prus
Fotografie: Frauke Antholz
Redaktion und Lektorat: Katharina Rose
Covergestaltung, Illustrationen und Layout: Christiane Heim
Satz und Litho: typocepta, Köln